FRANK ORTIZ

el gran ... ... apagón

Todas las claves del apocalipsis energético

USHUAIA

*Es difícil quedarse completamente sin energía,
pero quedarse con un poco menos de energía
puede llevar a resucitar los instintos más bajos
y peligrosos del ser humano.*

Blackout: Corte del suministro eléctrico a gran escala durante un periodo prolongado de tiempo.

INTRODUCCIÓN.
¿Y SI TODO SE PARA?

Hace apenas unos meses, a finales de octubre de 2021, una noticia comenzó a aparecer en distintos medios de comunicación de todo el mundo. El gobierno austríaco, a través de su ministra de Defensa, Klaudia Tanner, había afirmado: «... todas las redes eléctricas de los países europeos están interconectadas a la red eléctrica europea, de manera que, si hay un apagón, las luces podrían apagarse en toda Europa». Pero las siguientes palabras de la ministra fueron la frase destacada en todos los medios que recogieron la noticia: «No hay que preguntarse por si sucederá, sino por cuándo sucederá».

Algunos medios de distintos países recogieron la noticia de agencia de manera tímida, otros le dieron más importancia y otro puñado de ellos solo se hizo eco de la información cuando vieron que la noticia había saltado a todo el mundo a medios de muy distinto ámbito y color.

Pero en Austria lo tuvieron claro desde el principio. Tras las declaraciones oficiales de la ministra Tanner, el 13 de octubre se lanzó una campaña

informativa a la población austríaca que incluía
publicidad en medios y carteles (más de seis mil)
repartidos a lo largo del país donde se podía leer:
«¿Qué hacer cuando todo se para?».

Entre otras cosas, para no quedarse sin suministros de elementos útiles las recomendaciones indicaban abastecerse de tanto combustible, velas, baterías, conservas de comida y agua potable como harían falta para pasar dos semanas de camping. Además, establecían otro punto importante: pactar previamente con vecinos, familiares y amigos un punto de encuentro para establecer una cooperación entre todos.

Este punto parece extremadamente importante, a tenor de lo que hemos visto recientemente en el Reino Unido. La falta de suministros de diversos productos debido a la falta de transportistas llevó a los ciudadanos en varias ocasiones a las manos, o mejor dicho, a los puños. Desgraciadamente, y como ejemplo, pudimos ver por televisión peleas en gasolineras por llenar primero el depósito de su coche, por si se acababa cuando le llegara el turno.

Pero regresemos al gran apagón. Aunque Austria alertó del posible apagón, dejó abierta la puerta de las hipótesis acerca de cuál podría ser la causa que lo provocara. Según la ministra, hay muchos causantes posibles, desde desajustes en el sistema, averías técnicas, sobrecarga por demanda, ciberataques, atentado terrorista o extraterrestres. Gerhard

Christiner, director técnico de la Red Eléctrica de Austria (APG), se ciñó a causas «técnicas» del posible gran apagón, cuyo riesgo viene dado por el cambio climático y grandes olas de climas extremos de frío y calor.

El diario austríaco *Die Presse* presagiaba dicho apagón a partir de 2025. Para entonces el Ejecutivo de Austria planea tener a punto todos los recursos disponibles para que ninguno de sus ciudadanos se quede sin electricidad. Y es que el mismo ministro de Interior austríaco, Karl Nehammer, dijo que un apagón del calibre del que se está hablando podría ser en la actualidad «una de las mayores amenazas para un Estado moderno». Por ello, según informó el teniente coronel Pierre Kugelweis, están trabajando para que cien de sus principales cuarteles militares sean autosuficientes cuando ocurra la tragedia y puedan servir electricidad a sectores como bomberos y sanitarios, por ejemplo.

Países como Alemania o Suiza tomaron buena nota, pensaron medidas para cuando el corte tenga lugar y han comenzado a realizar acciones para informar a sus ciudadanos. El ministro regional del Interior alemán declaraba: «Alemania no está a salvo de graves catástrofes y es importante que la población sea sensibilizada y correctamente informada». En una página web que crearon para concienciar a la población, se puede leer: «Si cae la electricidad cae todo. Nada funciona, como comprobaron muchos compatriotas en las catastróficas inundaciones del pasado mes de julio. Deberíamos prepararnos lo mejor posible». Por su parte, un documento del gobierno suizo advertía: «Un mundo sin electricidad podría tener consecuencias mucho peores que la pandemia», y añadían que en la actualidad un gran apagón se considera «la peor amenaza para Suiza».

Mientras, en España, la ministra para la Transición Ecológica y el reto Demográfico, Teresa Ribera, descartaba rotundamente el apagón eléctrico en el país, porque se cuenta con una estructura de generación «muy potente y que prácticamente duplica la demanda». Los medios están tranquilizando a la población diciendo que en España el apagón, de producirse, tendría un efecto muy distinto, ya que nuestro país tiene una posición geográfica más favorable en comparación al resto de naciones europeas en caso de que haya una sobrecarga o el sistema dejase de funcionar de manera indefinida.

Muchos medios españoles descartan directamente las posibilidades de un apagón en el país, aunque no en otros. Pero quienes saben, las personas que por su formación o trabajo están informadas sobre el funcionamiento energético, no se lo toman a la ligera. Fernando Valladares, doctor en Ciencias Biológicas y miembro del Consejo Superior de Investigaciones Científicas (CSIC), lo expresó de la siguiente forma: «El apagón es algo que puede ocurrir, es un fenómeno complejo. La probabilidad es baja pero es difícil decir cuándo va a ocurrir y dónde, aunque creo que no es para tomárselo a la ligera».

Es cierto que la red eléctrica española está menos conectada con otros países que las redes de otros países, pero aun así, como dice Valladares, «no es para tomárselo a la ligera».

Mucha gente (en España y en todo el mundo) se escandalizó cuando en 2017 el Ejército austríaco, en un documento sobre riesgos para la siguiente década, alertaba sobre la gran amenaza que supondría una pandemia dentro de ese plazo, cosa que veía muy probable. ¿Os suena el covid-19? Pues bien, el teniente coronel austríaco Pierre Kugelweis afirma que el mismo proceso de análisis de datos que se usó para prever la pandemia se ha usado en los preparativos frente a los efectos de un posible gran apagón. El Gobierno de Austria ya dispone de un protocolo de actuación por si ocurre, o, como creen, para cuando ocurra.

Si ello no fuera suficiente para dotar las advertencias austríacas de buenas dosis de credibilidad, recordemos que también vaticinaron un atentado terrorista en Viena (que finalmente tuvo lugar el 2 de noviembre de 2020) o ataques cibernéticos (el 4 de octubre de este 2021 cayeron durante varias horas WhatsApp, Facebook, Messenger, Oculus y Mapillary en todo el mundo).

La sociedad actual, mucho más «evolucionada» que nunca, es más frágil que nunca. Cada día somos más personas las que vivimos en un apartamento pequeño como es la Tierra, y eso no es saludable. Y todo está conectado. Esto tiene cosas buenas, indudablemente, pero también puede hacer que si una persona en un rincón remoto del planeta se infecta con un virus peligroso que nunca había llegado al ser humano (por poner un ejemplo), en pocas semanas buena parte del planeta esté contagiada por ese mismo virus. O, en el tema que nos ocupa, que un *hacker* en su habitación pueda poner patas arriba a buena parte del planeta.

Quizás el futuro inmediato se plantea con prioridades diferentes a las actuales. Tal vez de aquí a unos años no será más rico quien más dinero (o poder) tenga, sino quien más salud posea, o incluso quien sea más autosuficiente. Quizás dentro de pocos años no se hable de rescates millonarios a países con crisis económicas, sino de rescates energéticos a países con problemas de recursos de abastecimiento de energía.

Quién sabe.

BLACKOUT. ¿QUIÉN HA APAGADO LA LUZ?

Blackout significa «apagón». Sin más. Pero popularmente se entiende como algo más. Un corte de suministro eléctrico masivo y duradero.

Tras la pandemia (y, relacionadas con esta, las vacunas), uno de los temas de conversación más habituales en buena parte del mundo es el de un posible *Big Blackout* (Gran Apagón). Austria ha condicionado la situación para que sea así. Y puede que el tiempo vuelva a darles la razón a los precavidos austríacos. Mucha gente cree que no es posible que ocurra. ¿Pero quién iba a pensar hace tres años que una epidemia mundial nos obligaría a confinarnos varios meses en nuestras casas y después ir con mascarilla a los sitios que permitieran abrir, e incluso que nos persuadirían (o directamente obligarían) a vacunarnos con la vacuna menos probada antes de ser lanzada al mercado?

A casi todo el mundo se nos ha «ido la luz» alguna vez. A quienes vivimos en el campo, incluso a menudo. Es un incordio. Nunca va bien que ocurra. Porque utilizamos la electricidad mucho más de lo que pensamos. Vivimos con ella. Si el corte de luz se da en un bloque de pisos de una ciudad o en una zona de un pueblo o ciudad, la cosa se complica un poco más. Pero ¿y si el corte afecta a toda una ciudad, a una región, a un país o incluso a varios?

Técnicamente, un apagón energético es eso, un corte en el suministro de electricidad. Pero popularmente, y más en los últimos meses, se habla de apagón energético cuando es a gran escala.

Desde que se descubrió la electricidad se han producido apagones energéticos. Es inevitable. Al final del libro anotamos algunos de los casos más conocidos a lo largo de la historia. Pero la interconexión del mundo, cada vez más pronunciada, hace también que cada vez el mismo problema afecte cada vez mucho más a la sociedad.

CONSECUENCIAS. ¿QUÉ PASA SI NADA FUNCIONA?

¿Te imaginas un día sin electricidad? No parece grave, la verdad, y en realidad para muchas personas no lo sería. Te levantas. Seguramente no te podrás duchar con agua caliente. ¿Desayuno calentado en el microondas? Imposible. ¿Vitrocerámica? Ni hablar. Habrá que ir pensando en comida y cena que no haya que calentar, hervir, freír ni nada por el estilo. Vaya, no puedo usar el ordenador; bueno, el portátil tiene batería, después de trabajar podré navegar unas horas. Bueno, no, no hay internet. Miro el móvil: 23% de batería. No puedo salir así. Enciendo el portátil y lo cargo en el puerto USB. 60%. Apago el portátil y me voy a trabajar. Vaya, no hay ascensor, tonto de mí. Bajo andando. Tengo suerte de tener el trabajo cerca, puedo ir a pie. Al llegar a la puerta de la calle veo a mis compañeros y a mi jefa afuera. Imposible trabajar, claro. Regreso a casa. Día libre. Mientras la luz del Sol entra como puede a través de las ventanas del apartamento, puedo ver y hasta leer la novela que llevo semanas sin coger. Cuando la oscuridad reina en el apartamento enciendo algunas velas. Acabo la batería del portátil. Pienso en salir a la calle, pero el alumbrado público no funciona y está todo oscuro; es peligroso, podrían atracarme. Escucho algunos gritos y me parece oír un ruido como si rompieran un cristal, un escaparate. Abro la nevera rápido para que no se escape el frío y cojo algo de fruta para cenar. ¿Qué más puedo hacer? Voy a aprovechar para dormir diez horas, que hace años que no lo hago.

Para algunas personas un día sin luz no sería tan llevadero. Personas con movilidad reducida, con necesidades específicas, personas que dependen de otras...

A nivel global, la cosa cambia. Un día sin electricidad puede ser catastrófico a muchos niveles (desde el social al político y, por supuesto, el económico), puesto que nuestra sociedad depende del suministro eléctrico.

Por poner algunos ejemplos evidentes, el tráfico está controlado gracias a la electricidad. Las gasoli-

neras necesitan de suministro eléctrico para poder servir combustible. También los cajeros automáticos, para realizar operaciones, como sacar dinero. ¿Te imaginas no poder ir en coche, sacar dinero ni pagar con tarjeta? ¿Y sin móvil? ¿Cuántos días aguantarías?

Por otra parte, hay servicios como los bomberos o la policía, que se verían afectados, y con ello la seguridad de las ciudadanas y ciudadanos.

En cuanto a los hospitales, estos cuentan con generadores de emergencia para poder seguir teniendo electricidad de manera autónoma si se corta el suministro. Pero no todos los hospitales ni las situaciones son iguales.

En 2017, en Puerto Rico, la falta de electricidad tras el huracán María hizo posponer varias intervenciones en diversos hospitales. Algunas personas murieron debido a que necesitaban estar conectadas a una máquina de diálisis o a un respirador, o debido a complicaciones de desplazamiento.

En 2016 un hospital infantil de Gaza tuvo que cerrar durante un día por cortes de luz y falta de combustible para los generadores. Si no hay combustible, los generadores no funcionan. Y tiene que haber combustible suficiente para abastecer el tiempo que dure la falta de suministro.

En España, el Hospital Central de la Defensa Gómez Ulla, el mayor hospital militar de España, ha alquilado recientemente y de urgencia cuatro generadores en previsión de un fallo en el suministro ordinario de electricidad.

Cuando hay un apagón, un hospital pone en marcha sus generadores y, por lo general, continúa teniendo suministro. Pero eso no quiere decir que la situación del hospital sea la misma. Hay que ahorrar energía para que los equipos autónomos duren lo suficiente, por lo que se detienen las actividades menos críticas para centrarse en las de carácter urgente.

Luego hay otros muchos factores que pueden afectar también un corte de luz.

En junio de 2019, en un colapso energético en algunos puntos de Santa Cruz (Argentina), las estaciones de bombeo de cloacas dejaron de funcionar, lo que ocasionó importantes inconvenientes. La cosa no olía bien. También estuvo fuera de servicio el acueducto Piedra Buena-San Julián.

De todas formas, hay que dejar una cosa clara. En todo este capítulo hemos hablado hasta ahora de un gran apagón. A nivel individual la cosa puede cambiar mucho si la duración es de dos días o de, por ejemplo, un mes. En general la gente que se supone experta en el tema habla de dos semanas como máximo, para que la gente esté preparada para esos días si se diera el caso.

A nivel global, la diferencia entre permanecer sin suministro eléctrico por ejemplo dos días o un mes sería mucho más evidente que a modo individual. Lo sería en todos los sentidos. En el empresarial, la diferencia para un pequeño comerciante entre no trabajar dos días o todo un mes (por ejemplo) puede significar la diferencia entre perder un poco de dinero o tener que cerrar por completo.

Para grandes empresas las pérdidas podrían ser estratosféricas. El 4 de octubre de 2021, una caída de poco más de seis horas en Facebook, Instagram y WhatsApp supuso para Mark Zuckerberg una pérdida de más de 5.000 millones de euros. Ello le hizo pasar del cuarto al quinto puesto en la gente más rica del planeta. Aunque posiblemente esto no nos dé mucha pena... Contentos incluso estuvieron algunos de sus competidores. Durante el corte, millones de usuarios y usuarias se dieron de alta en sitios de la competencia como Signal o Telegram.

POSIBILIDADES REALES
DE QUE OCURRA

Hemos hablado de algunas de las consecuencias que tanto a nivel individual como colectivo tendría un gran apagón. Vale, se puede ir la luz, ¿pero por qué?

En Europa, la red eléctrica está formada por varios sistemas aislados que con el tiempo se han ido juntando, formando así un gran sistema interconectado que abastece en bloque a casi 550.000.000 de consumidores y consumidoras. Esto, por una parte, hace que sea más complicado que se produzca un apagón global, pero por otra parte, si llega a producirse, las consecuencias serían mucho más desastrosas.

En España, a través de todos los medios de información se ha dicho que es improbable que ocurra un *blackout* en el país, o, dicho de otro modo, que un *blackout* en Europa afecte a España. «*Spain is different*». La energía llega al país de Cervantes de fuentes diversas, dicen los expertos. Además, las conexiones de la red con el resto de Europa formando ese gran sistema interconectado son escasas.

La ministra de Transición Ecológica, Teresa Ribera, salía al paso diciendo del sistema energético español: «Es casi una isla». La ministra argumentaba: «El riesgo de un tipo de apagón por una caída del sistema en terceros países es muy limitado y hay capacidad de poner un cordón sanitario en caso de que eso ocurriera [...] Es un tema que podemos descartar de nuestro horizonte de preocupaciones con total rotundidad».

Todo ello está muy bien y podemos creer a la ministra o no. Pero cuando ocurren los cortes de suministro, ¿por qué ocurren? Hay múltiples causas, pero algunas de las más habituales son fallos informáticos, averías técnicas provocadas por sobredemanda o por accidentes o catástrofes naturales, o tormentas solares. También podrían deberse al precio del gas o su falta de suministro, a ciberataques y hasta a atentados. Todo ello ha ocurrido.

La ministra española no consideraba todas estas posibles causas (y otras) cuando hizo las declaraciones, que los medios de comunicación se apremiaron a recoger para tranquilizar a la población.

Que habrá apagones no lo puede evitar nadie. Que estos duren mucho tiempo y afecten a muchas personas... Porque, ¿cuándo un apagón es solo eso, un apagón, y cuándo se convierte en un Gran Apagón? ¿Cuándo unos granos de arena se convierten en un montón de arena?

Divagaciones aparte, vayamos con hechos. Bueno, en este caso, lo que casi fueron hechos. El 8 de enero de 2021, buena parte de Europa casi se queda a oscuras. Pero solo casi. A nadie se le fue la luz. Hubo un fallo en una subestación en Croacia que provocó una caída de frecuencia. Si no se hubiera podido solucionar a tiempo el suceso aparecería en la lista de apagones a lo largo de la historia que mostramos después.

En este caso el problema se pudo solucionar antes de que los granos de arena se convirtieran en grandes dunas. Porque está claro que a nadie le interesa que se vaya la luz.

¿INTERESES OCULTOS?

A nadie le va bien que se vaya la luz. ¿Realmente a nadie?

De rebote, hay negocios que se pueden ver beneficiados en gran medida dentro de sus volúmenes de negocio. Durante un *Big Blackout*, o simplemente con su sospecha, hay muchas cosas cuya venta se disparará, como lo han hecho ahora tras el aviso de Austria: comida, pilas, hornillos de camping gas, generadores eléctricos…, y todo un clásico, papel higiénico. Estos son beneficios «de rebote», involuntariamente adquiridos. Pero aquí no me refiero a beneficios derivados.

Algunas voces tímidas han dejado caer que varios *blackouts* provocados podrían servir para concienciar a la población de lo indispensable de la electricidad y no solo justificarían la actual creciente subida en las facturas de los consumidores, sino las futuras subidas aún más disparatadas que se prevén.

Últimamente se está hablando mucho de la transición energética, algo que parece inevitable y que va de la mano con el nuevo modelo económico que se está gestando. Patrick Artus, uno de los economistas más veteranos del banco de inversión francés Natixis, ha declarado recientemente que esta transición energética será muy costosa y dolorosa en términos económicos para determinados segmentos de la población y del tejido empresarial, y, por lo tanto, fomentará la desigualdad.

Según Artus: «Este aumento significativo de los precios de la energía aumentará la desigualdad de ingresos si no se corrigen sus efectos, porque el peso del consumo de energía es mayor en los hogares de menor renta».

Por si no fuera poco, asegura también: «La transición energética llevará hacia un cambio en la estructura del empleo, lo que genera el riesgo de que se produzca un incremento del desempleo estructural».

Precios y empleo aparte, un gran apagón puede ser una herramienta que más bien puede ser usada como un arma (para ciberterrorismo, chantajes económicos...), un arma que puede usar cualquiera con grandes conocimientos informáticos enfocados a... Vaya, que puede usar cualquier *hacker* experimentado. Porque conectar sistemas industriales a internet tiene sus ventajas y, obviamente, sus riesgos.

Robert Lipovsky, investigador de *malware* de la compañía de seguridad ESET, explica lo siguiente: «Esta interconexión presenta graves riesgos. Las primeras razones que vienen a la mente son la practicidad y el ahorro de costos. Sin entrar en detalles, esta interconexión expone el sistema de control industrial a las mismas amenazas que enfrentan los ordenadores comunes, pero con muchas menos opciones de defensa. Por ejemplo, tomemos el caso de los parches: la aplicación adecuada de actualizaciones de software es mucho más problemática en los sistemas industriales. Estos sistemas tienden a ser muy personalizados y a menudo están encendidos permanentemente».

Además, las empresas a menudo subestiman los riesgos cibernéticos que corren sus tecnologías, todo un aliciente para los *hackers*, porque se lo ponen mucho más fácil.

LA HORA DEL PLANETA: APAGONES ENERGÉTICOS VOLUNTARIOS

La falta de luz es como la soledad, únicamente es buena si es buscada.

Los apagones voluntarios como protesta han adquirido un carácter mundial y son conocidos como «la Hora del Planeta». Se trata de no consumir electricidad durante esa hora (o consumir lo mínimo imprescindible) en varios países del mundo, aunque como se trata de un gesto simbólico, se suele admitir que solo se apagan las luces de los edificios residenciales, de empresas y monumentos, lo que se acuerda con los ayuntamientos para los de carácter público.

La primera Hora del Planeta como tal se celebró el 31 de marzo de 2007 en Sídney en lo que fue la mayor protesta a nivel mundial contra el cambio climático. Participaron ciudadanos y ciudadanas de casi 190 países, así como, oficialmente, ciudades de todo el mundo. Desde entonces, se celebra cada año el último sábado de marzo. En 2021 se convocó para el 27 de marzo, de 20.30 a 21.30 h.

Además de una protesta contra el cambio climático, con el tiempo ha adquirido caracteres de protesta también por el exceso de consumo de energía (que obviamente está relacionado) y contra la contaminación lumínica.

Como curiosidad, decir que Google oscurece su página de inicio.

¿La próxima Hora del Planeta? El 26 de marzo de 2022 (https://horadelplaneta.wwf.es/).

¿ESTAMOS PREPARADOS PARA UN APAGÓN ELÉCTRICO?

«En este momento no estamos preparados para enfrentar un fallo o falta prolongada en el suministro eléctrico y todos los riesgos y daños colaterales que esto conllevaría». Son palabras de Manuel Sánchez Gómez-Merelo, Consultor Internacional de Seguridad Pública y Privada, y presidente y director del Grupo Estudios Técnicos, integrado por diversas empresas dedicadas a la seguridad.

Como muestra, un botón. En 2017 la Asociación Española de Protección Civil para el Clima Espacial registró en el Congreso una petición para elaborar un plan nacional ante un eventual apagón solar. Bien, pues lo que hizo el Congreso fue trasladar la petición a la comisión de Agricultura. Sobra decir nada más, de modo que vayamos a otro asunto.

Cada día, más empresas de suministro eléctrico (y también de otros sectores como el del gas o el petróleo) dependen de sus redes electrónicas para el buen funcionamiento de sus redes eléctricas. Y la digitalización en las empresas no deja de crecer, por lo que cada día el buen funcionamiento de todo, eléctrico o no, dependerá más del correcto funcionamiento de los equipos informáticos de las empresas. Y con ello también crece la vulnerabilidad de... prácticamente todo.

Una o varias personas con buenos conocimientos en el comedor de su casa en cualquier parte del mundo pueden comprometer el suministro de energía de uno o varios países, por ejemplo. O la seguridad de uno o varios países, por ejemplo.

En realidad, teniendo casi todo informatizado, un ciberataque puede poner en riesgo todos los sistemas, todos los eslabones sobre los que se construye nuestra sociedad actual. Y es que la interconexión entre las redes mundiales en cualquier ámbito hace que un ciberataque pueda tener consecuencias en muchos países al mismo tiempo.

En 2015 se halló un virus troyano *backdoor* llamado *BlackEnergy* y el componente destructivo *KillDisk* (creando un *cóctel* muy peligroso y dañino) en varias empresas de distribución de energía de Ucrania. El *malware* estuvo relacionado con un corte masivo de suministro a 1,4 millones de personas durante varias horas.

En 2021, el 6 y el 7 de mayo, Colonial Pipeline, que gestiona la mayor red de oleoductos de Estados Unidos, sufrió un ataque de *ransomware* que detuvo todas las operaciones del oleoducto. El presidente del país, Joe Biden, declaró el estado de emergencia.

Por su parte, la mayor empresa procesadora de carne del mundo, JBS, sufrió un ciberataque, pocas semanas después, que paralizó algunas de sus operaciones. La empresa tuvo que cerrar temporalmente algunas de sus plantas en varios países.

El World Economic Forum, una organización no gubernamental con sede en Ginebra que analiza de la mano de líderes políticos, grandes empresarios, reconocidos periodistas y reputados pensadores los problemas más apremiantes que afronta el mundo, dijo que para evitar una disrupción de proporciones épicas es esencial el trabajo colaborativo en ciberseguridad.

Hoyc casi todo funciona informatizado, y para que algo esté informatizado hace falta energía. Si no hay energía, todo falla en nuestra civilización. Contra más «avanzado» esté un país, más depende de la electricidad y más sufre cuando esta falta.

Ahora estamos ya pasando incluso a los coches eléctricos. El debate sobre si es más sostenible un coche eléctrico que uno que funcione con gasolina no forma parte de los objetivos de este libro. Lo que sí está claro es que si hablamos de un gran apagón, todo lo eléctrico se viene abajo. Es cierto que los vehículos con combustible tradicional derivado del petróleo necesitan suministro eléctrico en las gasolineras para poder rellenar sus depósitos, pero un coche eléctrico necesita directamente la electricidad para funcionar. Cuando se acaban sus baterías (el equivalente al depósito de gasolina), necesita un enchufe para recargarlas, si no, no hay coche, solo es un adorno.

De cualquier manera, no solamente el gran consumo de energía es un problema en el mundo, como cualquier persona que encienda alguna vez el televisor, abra un periódico o entre en internet por poco que sea, sabe perfectamente. El uso y abuso de plásticos, la contaminación del planeta (que ocasiona entre otras cosas el fatídico cambio climático) y el uso de animales para multitud de fines, especialmente para alimentación (lo que tiene mucho que ver con la contaminación del planeta y el cambio climático), son por ejemplo buenas muestras de la insensatez del ser humano, o más bien de su egoísmo. Los valores no existen o más bien son valores egocéntricos y faltos de ética.

El doctor en Filosofía Llewellyn Vaughan-Lee afirma: «Hemos perdido completamente el respeto por nuestros propios cuerpos y por el cuerpo de la Tierra, y estamos contaminando sistemáticamente nuestro mundo, destruyendo el ecosistema del que depende nuestra supervivencia. Hemos creado un basurero físico y espiritual y nuestras propias almas y el alma del mundo están muriendo de inanición».

¿Qué podemos hacer para evitarlo, o al menos minimizarlo? No vamos a hacer aquí un tratado de buenas prácticas para reducir la contaminación y el cambio climático, puesto que no es el propósito del presente libro. Dejaremos este tema con unas palabras de Alberto Ruz Buenfil, hijo del famoso arqueólogo Alberto Ruz Lhuillier, descubridor de la tumba conocida como *astronauta de Palenque* en Chiapas, México: «La humanidad debería llevar a cabo cambios en su manera de percibirse como entes separados del todo, y de todos. Si comenzamos a regirnos por una nueva ética planetaria, comenzaremos a cambiar nuestros hábitos: lo que comemos, lo que compramos, lo que hacemos con nuestro tiempo, con nuestras habilidades, cómo nos relacionamos, etc. Nos preguntaremos con sinceridad para quién, para qué y por qué trabajamos, si los productos de nuestra labor son benéficos, si contribuyen a crear una sociedad más equilibrada. Una vez que la cadena de la consciencia comience a funcionar de nuevo, ella misma nos irá indicando los próximos pasos que deberemos dar. Eso es lo que se llama un verdadero despertar de la consciencia [...] Nuestra civilización, la primera global de la Historia, podría estar aproximándose a una "hora cero", porque la Tierra tiene sus propios límites de supervivencia y los estamos alcanzando. No sé si estamos todavía a tiempo de cambiar el rumbo de las cosas, solo sé que no por ello dejaré de intentar hacerlo en la dirección que mi consciencia me indica. Que cada quien se construya el futuro en el que crea».

Estas últimas palabras parecen el eslogan resumido de lo que ya se conoce como «comunidades energéticas». Aunque hay quienes las describen como una resistencia en grupo frente a los precios de las compañías eléctricas. Sea por una cosa o por la otra (futuro más verde o ahorrar), o por ambas, las comunidades energéticas están multiplicándose de manera rápida en todo el mundo. En España ya hay censadas más de 1.800.

El concepto base de una comunidad energética es el autoconsumo; no depender (o más bien hacerlo mínimamente) de las compañías eléctricas, usando sus propios paneles solares (o molinos de viento), obteniendo así energía descentralizada. En otras palabras, han pasado de ser solo consumidores a productores y gestores de su propia electricidad. Con ello se puede ahorrar hasta casi un 50%. Eso también depende de si se usan baterías. Quienes las tienen, usan por la noche los kilovatios almacenados en ellas durante el día, pero debido a su alto coste y no demasiada durabilidad, otras comunidades energéticas prescinden de ellas y echan mano de la red eléctrica. Los excedentes de electricidad que puedan tener estas comunidades pueden ser vendidos a la red eléctrica o ser cedidos a familias de la zona que estén en situación de pobreza energética.

Una comunidad energética puede ser impulsada por un ayuntamiento, una comunidad de vecinos o por empresas en una misma zona, siempre que cualquier colectivo que se quiera unir esté en un radio máximo de 500 metros.

En definitiva, buscan ser más sostenibles, mitigar la pobreza energética, ser más eficientes energéticamente y además desarrollar la economía local.

Son pasos algo tímidos, pero sin duda son pasos adelante para tratar de depender menos de las redes generales de energía, cada vez más sofisticadas y modernas, pero a la vez caras y vulnerables.

PONTE LAS PILAS
Manual y kit de supervivencia

Ya lo hemos dicho, pero lo repetimos: dependemos mucho de la electricidad. ¿Pero dependemos *demasiado* de ella?

Las siguientes medidas de aprovisionamiento están basadas en las que aconsejan diversas instituciones, asociaciones, expertos y medios de comunicación para afrontar un corte de suministro de electricidad de varios días. En algunos sitios se recomienda tomar dichas medidas una vez comience el apagón. En otros, sin embargo, se aconseja que se tenga todo esto previsto siempre, desde ya, para estar preparados una vez se haya producido el *blackout*. Se basan, y puede que no les falte razón, en que una vez se haya cortado el suministro de energía, la población, su instinto de supervivencia y afán egoísta harán que grandes multitudes salgan a abastecerse de golpe con todo lo que crean necesario, provocando que no haya suficiente para todo el mundo, lo que no solo hará que muchas personas no dispongan de lo necesario, sino que aflore la violencia entre la gente para hacerse con lo que cree que necesita, provocando episodios de violencia en diferentes grados.

No sería ni mucho menos la primera vez que ocurre. La gente ya se pelea físicamente en las tiendas cuando comienzan las rebajas por hacerse con esa prenda que no necesitan en absoluto y que está rebajada unos pocos euros. Imaginaos lo que ocurriría si se cree que habrá escasez de productos de primera necesidad (que la habrá, realmente, si ocurre un *blackout*) y todo el mundo va a hacerse con ellos a la vez.

Para un posible (y según muchas expertas y expertos, muy probable) escenario en el que millones y millones de personas se queden sin suministro eléctrico y no sepan cuándo volverán a tener, estas son algunas consideraciones a tener en cuenta, algo así como un «kit de supervivencia», como lo han llamado numerosos medios.

Comida. Ten siempre comida en casa para al menos 15 días, siempre alimentos no perecederos, que no necesiten guardarse en frío ni hacerse en el microondas ni con fuego si solo se dispone de vitrocerámica, como alimentos en conserva. Lo ideal para estos casos es cocinar en casa de manera habitual con cocina de gas, con bombonas, y disponer siempre de varias extra. Es interesante contar con comida deshidratada. En caso de comida que haya que cocinarse, es importante hacerse con un hornillo para camping y varios cartuchos de gas (si no se dispone de cocina con bombonas de gas, o incluso aunque se disponga de ella). Mejor que sobren, pues además de para la comida (y hervir agua para hacer té o café, por ejemplo), es una buena fuente de calor.

Agua. La electricidad es esencial para la canalización del agua y para que suba hasta nuestros grifos. Como presumiblemente no saldrá agua por los grifos, es importante hacerse con agua potable suficiente. Lo más práctico es comprar garrafas grandes. Eso sí, habrá que sentirse un poco culpable por el plástico de las botellas.

Frío. En países donde el frío en invierno es intenso, muchas casas disponen de sistemas de calefacción que dependen de la luz. Por ello, siempre que sea posible, es importante disponer de una estufa clásica de leña sin electricidad (sin ventiladores), con lo cual solo hay que abastecerse de leña. En casas es más fácil, pero en bloques de pisos la solución pasa por aprovisionarse de mantas (si puede ser, térmicas, que además ocupan muy poco), sacos de dormir y en general ropa de abrigo para poder pasar días y noches sin la calefacción habitual.

Botiquín. Mejor prevenir que curar, pero si hay que curar hay que disponer de un botiquín de primeros auxilios para pequeños percances que puedan ocurrir durante los días sin electricidad, para que entonces no sea necesario desplazarse a un centro de salud o a un hospital. Si hay alguna persona que está tomando medicación, hay que hablar con su médica o médico para saber cómo administrarla y que tenga disponible ese tiempo.

Utensilios. Interesante disponer de una radio a pilas para estar al tanto de las últimas informaciones y avisos oficiales sobre el apagón, y pilas para la radio y para otros utensilios, como linternas, de las que se aconseja tener varias que funcionen con el mismo tipo de pilas. Estas pueden servirnos para casa y para la calle por la noche, y su luz no se apaga por la lluvia o el viento, como es el caso de las velas. Por cierto, para interiores es importante tener una reserva de velas; son interesantes las «velas infinitas», que solo requieren de una base de agua y aceite sobre la que se pondrá la vela flotando, a la que habremos puesto una mecha fabricada con un pequeño trozo de papel higiénico. Puedes comprar la base flotante sobre la que colocar el papel a modo de mecha o puedes hacer tú toda la vela infinita, para lo que tienes muchos tutoriales en internet. En cualquier caso, la vela solo se apagará cuando se acabe el aceite que se ha mezclado con el agua. También es importante disponer de un hornillo a gas y de recambios. Asimismo, hacerse con un fondo de mecheros y cerillas, que servirán para encender velas, chimeneas, hornillos, para iluminar...

Reservas de electricidad. Baterías externas y solares. Durante el apagón no se podrán cargar teléfonos, ordenadores, tablets, etc. a la red, pero sí si disponemos de baterías. Aunque estas tienen una carga limitada, así que si llega el momento, se utilizarán solo para lo imprescindible.

Combustible. Si tienes calefacción con depósito de gasoil, tenlo siempre bastante lleno, no esperes a que baje demasiado antes de pedir más. Puedes hacerte también con un extra de gasoil almacenándolo en depósitos o en garrafas, siempre que estén homologadas.

Para los vehículos: Se puede tener una reserva de combustible en garrafas o depósitos homologados. No obstante, la recomendación es no utilizar el coche durante el *blackout*, en la medida en la que sea posible. No solo por ahorrar y guardar el combustible, sino porque por ejemplo durante el periodo del corte de electricidad podría haber personas desplazándose a pie por la carretera, lo que conllevaría un peligro circular por ella, o podría haber vehículos bloqueando la misma al haberse quedado sin combustible.

En ambos casos el almacenamiento puede ser peligroso y hay que hacerlo siempre respetando las medidas de seguridad.

El tema de los vehículos eléctricos es distinto. Si es necesario hacer una recarga durante un apagón, puede echarse mano de un generador eléctrico.

Generador eléctrico. Hay muchos tipos, pero la base es la misma: cuando se corta el suministro de la red general se ponen automáticamente (por lo general) en funcionamiento, proporcionando electricidad por su cuenta, y se apagan cuando retorna el suministro. Eso sí, debido a su tamaño y que suelen colocarse en el exterior, es una opción poco viable para pisos. Para casas o adosados es una buena opción. Los hay de gasolina, diésel, biodiésel, propano, gas natural, de placas solares y hasta de molinos de viento. ¿Cuál elegir? Imagina tu casa y tus circunstancias sin electricidad, y a partir de ahí elige el tipo y la potencia de generador que consideres más adecuado. Los expertos del sitio donde vayas a comprarlo te informarán y te aconsejarán el modelo acorde a tus circunstancias.

Dinero. Importante disponer de una buena cantidad de efectivo, ya que los cajeros automáticos no funcionarán y las tarjetas serán inservibles en los establecimientos, que no podrán cobrar con el TPV o datáfono.

Comunicación cercana. Establece con tus familiares y amigos un punto de encuentro en el que reunirse. Las líneas de telefonía móvil aguantarán un periodo de tiempo ya que disponen de generadores de emergencia y baterías adicionales, pero si el corte es prolongado acabarán cayendo también.

Ocio. Si la cosa va para largo, hay posibilidades de aburrimiento. Eso ya depende de cada persona, pero un buen kit de ocio puede estar formado por varios libros (en papel, recuerda que no podrás recargar tu eReader cuando se agote la batería), una baraja y otros juegos de mesa.

Ocúltate. Esto ya no está al alcance de todo el mundo, pero una opción (cada vez menos friki) es construirse un búnker. Más adelante hablaremos sobre los búnkeres.

Unos consejos más...

Durante un corte de suministro de electricidad, pon el móvil en modo ahorro de energía, baja el brillo de la pantalla todo lo que puedas y úsalo solo lo imprescindible.

Si tienes un negocio, ten listo un plan de continuidad de negocio por si hay un *Big Blackout*. En esencia se trata de planificar y preparar de manera anticipada acciones que permitan garantizar que una empresa pueda seguir realizando sus funciones y actividades críticas durante el tiempo en el que falte el suministro eléctrico, como ha pasado recientemente con los estados de emergencia derivados del covid-19, y como podría ocurrir en el caso de un *Big Blackout*. Hay varias empresas que ayudan a crear un plan de continuidad de negocio, y puedes contactar con ellas por internet.

¿Y SI NO ES PARA TANTO?

Casi nadie con suficiente y buena información duda ya de que habrá un *blackout* (de hecho, varios) antes o después. Pero nadie se salva de quedarse sin luz alguna vez, ya sea por una caía global, que es el motivo de la preocupación en todo el mundo, o por alguna avería local que afecte solo a tu comunidad.

En caso de apagones locales de poco tiempo, algunos de los consejos que hemos dado son los mismos, pero menos pronunciados. Es decir, no es necesario que tengas quinientas pilas; puede que con una docena tengas suficientes. Y lo mismo podríamos decir con la comida, con el agua y con todo lo demás.

Además, hay algunos trucos que para pequeños cortes pueden ser muy útiles. Uno de los más simples y prácticos es tener bombillas con batería integrada. Cuando se interrumpe el suministro de luz, estas bombillas seguirán funcionando todavía algunas horas.

GRANDES APAGONES EN LA HISTORIA

Desde que el ser humano descubrió la electricidad, de manera inevitable ha habido cortes de la misma. Desde pequeños ceses locales de poca duración hasta grandes apagones que han afectado a millones de personas y que se han alargado más de lo que parece razonable.

Las causas son variadas, algunas de las más comunes son: equipos en mal estado por falta de renovación o de mantenimiento, sobrecargas en la red, fallos humanos, accidentes, fenómenos meteorológicos (huracanes, terremotos, inundaciones, frío o calor extremos...) y causas intencionadas.

Eso sí, la magnitud de los apagones hay que medirla teniendo en cuenta la época en la que se dan. Por ejemplo, hace 50 años podía ser una gran noticia que 100.000 personas se quedaran sin luz en una ciudad, pero esto en la actualidad ocurre tan a menudo que tan solo aparece, por lo general, como una noticia local.

Hay miles de apagones a diario en todo el mundo. Teniendo esto presente, la siguiente es una recopilación de algunos apagones que han tenido cierta relevancia por su magnitud, por la cantidad de personas afectadas, por su duración o por su repercusión mediática.

⚡ **1965, Canadá y Estados Unidos.** El 9 de noviembre más de 30 millones de personas estuvieron sin luz en Ontario y Quebec, y también en Nueva Inglaterra y Nueva Jersey, debido a una desconexión de una línea en la central hidroeléctrica de las cataratas del Niágara que produjo una reacción en cadena. El fallo duró 14 horas.

⚡ **1976, Argentina.** Un apagón atípico; los militares provocaron el corte para detener a personas contrarias al régimen. Ocurrió el 20 de julio y duró 7 días.

⚡ **1977, Estados Unidos.** 13 de julio. Un día... casi. Ocurrió del 13 al 14 de julio y afectó a la ciudad de Nueva York, a casi 10 millones de personas. Un rayo primero, y luego un segundo, lo causaron. Se trata del más conocido de los apagones. De hecho, se le conoce, sin más, como el Gran Apagón. De ahí viene el nombre. La ciudad se convirtió en un caos; durante el apagón hubo más de 1.000

incendios provocados por actos vandálicos. Aprovechando que la policía y los bomberos trataban de restaurar el orden provocado por el apagón, el saqueo invadió las calles; se calcula que más de 1.600 comercios sufrieron robos. Hay quien dice que al día siguiente los disc-jokeys en la ciudad se multiplicaron debido a la gran cantidad de equipos robados. Fue muy popular también porque hubo un incremento de nacimientos en la ciudad 9 meses después.

⚡ **1981, Estados Unidos.** 138 días, entre el 8 de enero y el 26 de mayo. Unos presos de la prisión estatal de Utah provocaron una explosión cuando quemaban basura, ocasionando un incendio que cortó líneas de transmisión de energía, y dejó sin suministro a 1,5 millones de personas.

⚡ **1983-1984, Suecia.** 89 días. Entre el 27 de diciembre y el 25 de marzo. Un cortocircuito en un transformador hizo que se quedaran sin luz unos 4,5 millones de personas.

⚡ **1989, Canadá.** Quebec. El 13 de marzo. Apagón de 9 horas debido a una tormenta solar.

⚡ **1996, Estados Unidos y México.** Desde 10 horas hasta 4 días estuvieron sin luz casi 4 millones de estadounidenses y mexicanos debido a una ola de calor.

✎ **1998, Nueva Zelanda.** El 19 de febrero, en Auckland, vivieron 66 días de interrupción continua debido al colapso de unos cables eléctricos subterráneos, que estaban en mal estado. Fueron muchos días, pero el corte «solo» afectó a 6.000 personas.

✎ **1999, Brasil.** 11 de marzo. Cerca de 100 millones sin suministro casi cien días a causa de un rayo en Itaipú.

✎ **1999, Francia.** 26 de diciembre. Unos 2 días sin luz debido al derribo de numerosas líneas de alta tensión que fue producido por el ciclón Lothar y Martin. Más de 3 millones de personas quedaron sin suministro.

✎ **2000, Portugal.** 9 de mayo. Una cigüeña, mientras construía su nido sobre una torre de alta tensión, provocó un cortocircuito, dejando durante 2 horas a 2 millones de personas sin luz.

✎ **2001, India.** El 2 de enero, un colapso en la red para el que no estaban preparados causó que 230 millones de personas estuvieran sin electricidad hasta 1 día.

✎ **2001, Irán.** 20 de mayo. Un problema en una subestación afectó a 30 millones de personas durante 100 días.

✎ **2002, Brasil.** 22 de enero. Una avería en Itaipú dejó sin luz durante 1 hora a unos 100 millones de personas.

✎ **2003, Dinamarca y Suecia.** Unos 5 millones de personas afectadas el 23 de septiembre por el corte debido a una avería, algunas de ellas hasta 10 días sin luz.

✎ **2003, Estados Unidos y Canadá.** El 14 de agosto, 50 millones de personas afectadas debido a una sobrecarga en la red. Algunos usuarios recuperaron el abastecimiento a las pocas horas, pero otros tardaron hasta 14 días.

✎ **2003, Italia.** 28 de septiembre de 2003 Unos 57 millones de personas, casi todo el país, se vio afectado por los desperfectos ocasionados por unas fuertes tormentas en las líneas de transmisión de energía de Suiza y Francia (un árbol que cayó sobre una línea eléctrica).

✎ **2004, Grecia.** 12 de julio. Hasta 12 horas estuvieron sin suministro casi 7 millones de personas debido a una avería.

✎ **2005, Moscú.** Varios fallos iniciados por un transformador el 25 de mayo dejaron durante 70 días a unos 12 millones de personas afectadas por la falta de suministro.

✎ **2005, Indonesia.** 18 de agosto. Hasta 120 millones de personas se quedaron sin suministro en Java y en Bali un día debido a una avería.

✎ **2006, Europa.** 4 de noviembre. Austria, Alemania, Bélgica, Holanda, Italia, Francia, Portugal y España se vieron afectados de 30 minutos a 2 horas por un error producido en una empresa de energía eléctrica en Alemania.

✎ **2007, Colombia.** 26 de abril. Unas 3 horas. Un fallo en una subestación hizo que unos 25 millones de personas se quedaran sin electricidad.

✎ **2007, España.** Ocurrió en Barcelona el 23 de julio. Hasta 4 días sin electricidad. Un incendio debido a la caída de un cable en una subestación de Collblanc provocó en efecto dominó que se desconectaran otras subestaciones de suministro y se incendiara completamente la central del paseo de Maragall. Consecuencia: 300.000 personas a oscuras, entre ellas el autor. Algunas recuperaron el suministro a los tres días, pero otras, como el autor, tardaron cuatro en volver a tener electricidad en los enchufes de su casa. La mayoría de los semáforos de la ciudad no funcionaban y el ruido de los generadores que se colocaron en las calles para que algunas zonas tuvieran suministro era, según algunas personas, «insoportable». Hubo numerosas protestas ciudadanas durante esos días, la más popular fueron las «caceroladas».

⚡ **2008, China.** 10 días estuvieron 4 millones de personas sin electricidad debido a fuertes tormentas entre enero y febrero.

⚡ **2008, Estados Unidos.** El 26 de febrero, en Miami, 4 millones de personas estuvieron con apagones durante 4 horas.

⚡ **2008, Venezuela.** Un incendio forestal cerca de la estación hidroeléctrica del embalse de Guri dejó a oscuras al 40% del país durante 3 horas el 29 de abril.

⚡ **2009, Brasil y Paraguay.** Desde media hora hasta 7 horas. Los efectos que una tormenta eléctrica causaron en la central represa hidroeléctrica de Itaipú provocaron un corte a unos 87 millones de personas. Los desabastecimientos tuvieron lugar del 10 al 20 de noviembre.

⚡ **2010, Chile.** El 27 de febrero unos 13 millones de personas quedaron desconectadas de la red eléctrica hasta 2 semanas debido a un terremoto.

⚡ **2010, España.** El 7 de marzo, debido a unas nevadas importantes, una línea de alta tensión se desconectó. Aunque la mayor parte se solucionó a las pocas horas, algunos de los 30.000 afectados seguían sin luz cuatro días después.

⚡ **2011, México.** El 8 de septiembre un fallo en una planta del sur de Arizona (EE. UU.) afectó a parte del estado y también a parte de Baja California (México). En total, unos 3,5 millones de personas. Duración, 7 horas.

⚡ **2011, Chile.** Hasta 5 horas estuvieron sin luz 10 millones de personas el 24 de septiembre por una avería en la central más importante del país.

⚡ **2012, Turquía.** 104 días. Un fallo en un transformador que provocó variaciones de voltaje causó una avería que afectó a 20 millones de personas el 14 de febrero.

⚡ **2012, India.** Desde varias horas hasta 2 días. El 30 de julio hubo un corte que afectó a 300 millones de personas y al día siguiente, otro, que afectó a unos 750 millones de personas que se quedaron sin suministro (no es un error: 750 millones de personas). Se trata del gran apagón más grande hasta ahora en cuanto a número de personas afectadas. Oficialmente ocurrió debido a una sobredemanda de electricidad que no pudo ser soportada.

⚡ **2012, Filipinas.** El tifón Bopha causó daños en la red el 3 de diciembre, dejando a oscuras a más de 6,5 millones de habitantes durante 90 días.

⚡ **2012, Estados Unidos.** El 5 de diciembre, el huracán Sandy provocó fuertes vientos e inundaciones que alteraron el suministro a unos 2 millones de ciudadanos de la costa Este durante 2 días.

⚡ **2013, Vietnam y Camboya.** El 22 de mayo 8 millones de personas se quedaron a oscuras durante 8 horas debido a que un camionero que descargaba árboles de Navidad en el casco urbano de la ciudad de Binh Doung dejó caer uno sobre una línea de red eléctrica nacional.

⚡ **2013, Venezuela.** Una avería el 3 de septiembre ocasionó que el 60% del país se quedara sin suministro eléctrico durante 5 horas.

⚡ **2013-2014, Argentina.** Varios días. Una ola de calor provocó un uso masivo de aires acondicionados, y se sobrecargó la red en varios puntos. Algunas personas vivieron los últimos días y los primeros del año sin electricidad.

↗ **2015, Turquía.** Unos problemas técnicos hicieron que se quedaran sin electricidad nada menos que 70 millones de personas en el país, casi todo el territorio, el 31 de marzo.

↗ **2015, Ucrania.** El 23 de diciembre, durante unas horas se quedaron sin suministro eléctrico unos 700.000 habitantes de la región Ivano-Frankivsk, al suroeste del país a causa de un virus lanzado por hackers informáticos.

↗ **2017, Centroamérica.** 1 de julio. Varios países afectados (unos 15 millones de personas) hasta 6 horas sin electricidad por la caída de una línea de transmisión en Panamá.

↗ **2017-2018, Puerto Rico.** 137 días, entre el 6 de septiembre y el 21 de enero. En esta ocasión los causantes fueron los huracanes María e Irma, que dejaron sin electricidad a más de 2 millones de personas.

↗ **2018, Brasil.** 21 de marzo. Una avería cerca de la central hidroeléctrica de Belo Monte provocó una caída de la red a 70 millones de personas durante casi 90 días.

⚡ **2018, Venezuela.** El 15 de octubre, una explosión que generó un posterior incendio dejó a 30 millones de personas sin suministro durante 18 horas.

⚡ **2019, Argentina, Uruguay y Paraguay.** 16 de junio. 50 millones de personas afectadas durante 14 horas debido a un cúmulo de factores encadenados, desde la caída de una línea de alta tensión hasta un fallo de software.

⚡ **2019, Inglaterra y Gales.** El 9 de agosto comenzaron las averías causadas para casi 1 millón de personas por la caída de un rayo. El problema no se solucionó totalmente hasta al cabo de 10 días.

⚡ **2019, Venezuela.** 300 días de fallos de suministro, de manera intermitente, en ocasiones de entre 5 y 7 días seguidos, entre el 7 de marzo y el 31 de diciembre. El origen estuvo en la central hidroeléctrica Simón Bolívar. La cifra de afectados superó los 31 millones de personas. La escasez de alimentos y medicamentos comenzó a hacer de las suyas, la comida perecedera que la gente (y las empresas) tenían se echó a perder en buena parte, y numerosas muertes fueron confirmadas de manera oficial desde los hospitales y centros de salud como derivadas del apagón. Los robos en viviendas, negocios y asaltos por la calle crecieron de manera histórica. Solo en el estado de Zulia fueron detenidas más de 600 personas por cometer saqueos. El gobierno vinculó el corte con un ataque electromagnético. También se vio afectado el departamento colombiano de Vichada.

✗ **2020, México.** Solo 1 hora, pero a 10 millones de personas, se les fue la luz el 28 de diciembre debido a un fallo que hizo perder potencia.

✗ **2021, España.** El 24 de julio, y durante unas horas, alrededor de 1 millón de abonados se quedaron sin electricidad porque un hidroavión que estaba trabajando en apagar un incendio forestal en el pirineo francés dañó una línea eléctrica de alta tensión. También afectó a algunas zonas de Portugal.

✗ **2021, Brasil.** El 28 de mayo hubo varios estados que registraron un apagón, pero solo duró unos minutos.

✗ **2021, Líbano.** 9 de octubre. La escasez de combustible hizo que dos importantes generadoras eléctricas quedaran inutilizadas, lo que produjo una pérdida de potencia que a su vez desencadenó en una desestabilización de la red eléctrica nacional durante 1 día.

61

Evidentemente, ha habido muchos más ceses de suministro, de diferentes magnitudes de alcance de población y de distinta duración. Los hay cada día, pero aquí hemos hecho un repaso solo de algunos de los más «importantes» por su duración o alcance.

OTRAS AMENAZAS

En el momento de escribir estas líneas comienza a haber falta de stock de algunos productos del «kit básico de supervivencia» como linternas, sacos de dormir, hornillos de camping o comida deshidratada. Pero si el *blackout* no tiene lugar ya mismo, el suministro volverá a la normalidad y habrá suficiente para todo aquel que quiera comprar. Eso sí, no habrá para todo el mundo si nadie se anticipa, ocurre el gran apagón y es entonces cuando la gente quiera aprovisionarse de todo.

En la historia, y no hay que remontarse mucho, ha habido varias ocasiones en las que muchas personas han creído que se avecinaba el fin del mundo y se han preparado para ello. Por ejemplo, con el cambio de milenio.

Numerosas sectas han vaticinado «fines del mundo» en diversas ocasiones. La masacre en 1978 de la secta El Templo del Pueblo, en Guyana, ocupa un lugar destacado en esta parte desagradable de la historia.

Algunas personas recordamos otros casos más recientes como el de la secta de los Davidianos, en

1993 en Texas, donde murieron 76 miembros de la misma como «conmemoración del apocalipsis». O la ocurrida en la secta Orden del Templo Solar, creyendo un apocalipsis para el año 2000. Menos personas conocen la tragedia el 17 de marzo de 2000 en Uganda dentro del Movimiento de restauración de los diez mandamientos de Dios (también creyendo en un apocalipsis), pese a que el número de muertos fue mayor, nada menos que 778.

Antes de la llegada del año 2000, el mundo estaba inquieto por lo que pudiera pasar, profecías aparte, a nivel informático: el conocido como

Pueblo de Bugarach, a las faldas de la montaña homónima, pretendido lugar de salvación del Apocalipsis.

«error del milenio» en círculos informáticos o, popularmente, el «efecto 2000». El problema radicaba en que los equipos informáticos omitían internamente la centuria del año (una costumbre que se inició para economizar memoria, y que después se mantuvo), por lo que se temía que los equipos solo funcionaran los años cuyos números comenzaran con 19.

A las 23.58 h del 31 de diciembre de 1999 la expectación general no tuvo precedentes. Finalmente no ocurrió nada grave, solo problemas pequeños.

Con posterioridad, vivimos lo que se dio a conocer como el «apocalipsis maya». Resumiendo, diremos que el calendario maya marcaba el final de un ciclo de 5.125 años, el decimotercer *baktún* (de 400 años), el 21 de diciembre de 2012. José Argüelles había calificado en 1987 la fecha como «el final del tiempo como lo conocemos», lo que dio pie a mucha gente a interpretarlo como una fecha del fin de los tiempos, pese a que para los mayas se trataba de una etapa de tránsito que había que celebrar. Sin embargo, no faltaron quienes, reforzando el acontecimiento del calendario maya con hipótesis astronómicas y numerológicas, entre otras, postularon un fin del mundo, sin más, para dicha fecha. No fue ninguna broma.

Millones de personas en todo el mundo se lo tomaron muy en serio y se prepararon para ello de diferentes formas.

Una de las más curiosas fue viajar al pequeño pueblo de Bugarach, en los Pirineos franceses, donde, en su homónima montaña, se esperaba ya desde hacía dos años que fuese el único escenario de salvación en todo el planeta para quienes allí se encontraran.

El pueblo fue blindado. Como lo oyen; cerraron todos los accesos al mismo por la avalancha de personas, entre curiosas, periodistas y gente que esperaba salvarse allí del apocalipsis; miles y miles de personas.

Un *Big blackout* es sin duda, como hemos visto, una gran amenaza para el normal funcionamiento de la sociedad. Sin embargo, no es la única, ni mucho menos. Tenemos la reciente experiencia, que aún perdura, de una pandemia. El covid-19 ha hecho (y continúa haciendo) estragos. No hace falta que expliquemos mucho lo que ha supuesto y está suponiendo la aparición de este virus. Además de los millones de personas muertas y otras muchas con secuelas de por vida, la economía ha cambiado. Las farmacéuticas, que ostentaban ya un gran poder, tienen ahora mucho más, pero, además del económico, poder sobre la población. Por otra parte, el covid-19 ha llevado a alteraciones en la sociedad y en la economía, y hoy vemos no solo retrasos en las entregas, sino escasez de productos. El más mediático es el de los microchips; faltan muchos y no se pueden fabricar multitud de cosas, más de las que pensamos, por falta de ellos.

Otras amenazas para la sociedad podrían ser las tormentas solares. De hecho no se trata de nada nuevo; por otra parte, hablando de apagones, ha habido unos cuantos provocados por tormentas solares.

El tema solar está en auge ahora, que estamos a un parpadeo solar de un pico de ciclo (de 11 años), con una mayor actividad solar, una de las mayores hasta ahora según muchos astrónomos, contrastando con el ciclo anterior, uno de los más débiles de todos los registrados y el menos activo en los últimos 100 años.

Recogemos de la página oficial de la NASA: «El Sol tiene sus altibajos y ciclos regulares entre ellos. Aproximadamente cada 11 años, en el pico de un ciclo, los polos magnéticos del Sol se invierten (en la Tierra, sería como si los polos Norte y Sur intercambiaran lugares cada década), y el Sol pasa de aletargado a activo y tormentoso. En su forma más tranquila, el Sol se halla en el mínimo solar; durante el máximo solar, el Sol arde con fulguraciones brillantes y erupciones solares.

»Las predicciones del ciclo solar dan una idea aproximada de lo que podemos esperar en términos de meteorología espacial (las condiciones en el espacio que varían mucho, como el clima en la Tierra). Los estallidos del Sol pueden tener una serie de efectos, desde la etérea aurora a la desintegración orbital de satélites, y perturbaciones a las comunicaciones de radio o las redes eléctricas».

La última gran tormenta solar que llegó a la Tierra, la conocida como «llamarada de Carrington», fue en 1859 y dejó al mundo sin servicio de telégrafos. Si hoy se produjera una tormenta de la misma envergadura podría destruir las redes eléctricas, inutilizar los satélites, los GPS y paralizar los sistemas de comunicación. Todo ello en plena era de la información y las telecomunicaciones interconectadas resultaría trágico.

Según Matt Mountain, presidente de la estadounidense Asociación de Universidades para la Investigación en Astronomía: «Hoy en día solo disponemos de 48 minutos de aviso para saber si una importante y potencialmente devastadora eyección de masa coronal del Sol va a golpear la Tierra. La sonda solar Parker y el telescopio solar Daniel K. Inouye están diseñados para darnos una visión más profunda de la cara más oculta del Sol, por lo que en el futuro seremos capaces de predecir cuándo tales fenómenos potencialmente peligrosos salen de la superficie solar. Esto nos dará 48 horas para proteger nuestros satélites de comunicaciones y GPS, las redes eléctricas e internet de un evento potencialmente devastador del tipo Carrington. Estas dos misiones son un paso crucial para mantenernos a salvo del lado oscuro del Sol».

Otra amenaza plausible, aunque poco probable (pese a que de tanto en tanto circulan avisos de origen incierto sobre ello), es el impacto de un gran meteorito que acabe con todos nosotros. No obstante, es un hecho que la NASA considera dentro de las probabilidades, como por otra parte cualquier matemático sabe.

De hecho, recientemente ha salido publicada la siguiente noticia: «La NASA lanza la primera nave que busca impactar con un asteroide para desviarlo». La noticia no es de un medio sensacionalista, sino de la misma NASA. La nave, llamada DART (Double Asteroid Redirection Test, y también «dardo» en inglés), tiene previsto chocar a más de 6 kilómetros por segundo contra el sistema binario de asteroides Didymos, formado por un cuerpo principal de 780 metros de ancho y un satélite de 160 metros que orbita a su alrededor. Si todo va bien, a DART le espera un largo viaje de 11 millones de kilómetros antes de poder completar su misión kamikaze.

No se preocupen, hay más amenazas que pueden acabar con nosotros. Sin duda, aunque ya no es tan popular como años atrás, una de las amenazas «favoritas» contra la humanidad es la crisis nuclear. A escala pequeña-media puede estar provocada por un accidente en alguna central, pero el miedo mayor, por el mayor peligro que encierra, es el despliegue de armas nucleares por parte de algún país demente, o más bien de algún gobernante demente.

En fin, que no está claro si a la humanidad le queda mucho tiempo de vida. En lo que sí hay más consenso es en un fin de la civilización actual, como ha sufrido ya la humanidad varias veces a lo largo de su existencia.

Para estos y otros peligros que podamos imaginarnos (y para los que no podamos imaginar), muchas personas se han construido un búnker.

Un búnker, según la RAE, es un fortín o fuerte pequeño, o un refugio, por lo general subterráneo, para protegerse de bombardeos. Popularmente se entiende como búnker un lugar aislado y resguardado de amenazas (como una crisis nuclear, una epidemia, etc.), generalmente para varias personas, con todo lo imprescindible para vivir sin salir del lugar durante un tiempo indefinido, pero por lo general superior a quince días.

Los búnkeres particulares han tenido épocas de apogeo, por ejemplo, durante algunas guerras. También cuando ha corrido la voz de algún apocalipsis o «fin del mundo». Por ejemplo, mucha gente se construyó búnkeres temiendo el «apocalipsis maya» del que hemos hablado. Varios fueron construidos en la citada localidad de Bugarach, en plena ruta cátara. El periodista Javier Pérez Campos, autor del libro *2012: Los enigmas del Apocalipsis maya*, escribió al respecto: «La demanda de búnkeres en 2010 había aumentado ya en un 20%».

Aunque a algunas personas les parezca extraño, son muchas las empresas que construyen estos búnkeres, y la demanda no es baja en absoluto. Desde pequeños cubículos exteriores de hormigón para una persona hasta verdaderas casas subterráneas *bunkerizadas* que cuentan con todos los lujos y que tienen autonomía para períodos largos, de más de un año tranquilamente. Hay millones en todo el mundo.

Incluso hay búnkeres múltiples, algo así como arcas de Noé modernas. Vivos xPoint, cerca de Black Hills, en Dakota del Sur (Estados Unidos), consta de 575 búnkeres que sirvieron como un depósito de municiones del Ejército hasta 1967. En esta comunidad *bunkerizada* hay capacidad para 5.000 personas, y está previsto que haya desde jardines hidropónicos (que no necesitan tierra para su crecimiento, sino que las raíces reciben una solución nutritiva disuelta en el agua con los elementos químicos que necesitan) o clínicas, hasta escuelas.

Otro ejemplo lo tenemos en Europa. Vivos Europa One, en Alemania, construido en una antigua instalación de almacenamiento de municiones durante la Guerra Fría excavada en la roca, ofrece 34 residencias privadas, con lujos (a gusto del cliente) como sala de proyección, gimnasio o piscina. Aparte de las peticiones de cada cliente, el complejo dispondría de restaurantes, teatros, cafeterías, zonas de juegos y hasta un sistema de tranvía para los residentes.

Búnkeres, kits de supervivencia... Parece que la gente, de una manera u otra, de tanto en tanto se prepara para un «por si acaso...». Marcos Ruiz Soler, psicólogo de la Universidad de Málaga, explica: «El ser humano se ha adaptado especialmente bien al mundo en el que vivimos porque tiene dos capacidades sobresalientes, la capacidad de detectar asociaciones entre fenómenos y, por lo tanto, de aprendizaje, y la capacidad de modificar su comportamiento y su entorno para sobrevivir». Ruiz Soler apuntaba respecto del apocalipsis maya, del que hemos hablado unos párrafos antes: «El ser humano está muy atento a todo aquello que pueda significar un peligro y trata de eliminar cualquier potencial amenaza, por lo que no es de extrañar que una amenaza importante, en caso de ser cierta, haya suscitado tantas reacciones para prepararse ante ella y así sobrevivir».

En la constante preocupación de forma latente por un *fin del mundo*, que tiene sus «oleadas» temporales, existe el *factor contagio*: basta con que un pequeño grupo de personas con quienes nos relacionamos y tenemos cierto vínculo nos transmitan la información para que podamos «contagiarnos». Y hoy en día, con el mundo conectado a través de las redes, es mucho más sencillo, rápido y eficaz. Este contagio, cuando traspasa cierto umbral, un nivel crítico en su difusión, se expande de manera extraordinariamente veloz y potente.

Comenzábamos este libro con la advertencia del gobierno de Austria, gobierno que ya ha acertado en algunas de sus predicciones. Pues vayamos con otra advertencia (o predicción), esta vez de uno de los arqueólogos más prestigiosos del mundo, todo un referente en la disciplina, además de antropólogo, geólogo, paleontólogo y prehistoriador. Se trata de Eudald Carbonell Roura. Hay quienes lo conocen más por ser el director de la Fundación Atapuerca.

Bien, él, como el gobierno de Austria, ya tiene la credibilidad de su lado; en 2017 afirmó que se estaba a punto de llegar a un caos. ¿Os suena todo lo que está conllevando el covid-19? «El caos lleva a la destrucción», aseguraba Carbonell en una reciente entrevista. Según él, queda poco para el colapso. Habrá centenares de millones de muertes, hambre, destrucción y desorganización, y varias generaciones actuales lo vivirán. Y sobrevivirán no los más fuertes, sino los más adaptados.

La adaptación de la que habla Carbonell es tanto a nivel físico como mental. Explica: «Si tú tienes agua en tu casa porque hay una fuente y no hay más, es peor, porque irá todo el que quiera agua a tu casa y te matarán. Aunque seas muy fuerte, te pelarán. La gente buscará la forma de sobrevivir. Lo mejor para adaptarse es no tener nada».

Pero no quiero terminar este libro con preocupaciones. Un apocalipsis más llevadero lo encontramos en la reciente novela *El despertar de la herejía*, de Robert Harris. El apocalipsis científico tiene lugar dentro de muy poco, en 2025. El escritor cuenta sobre su obra: «Nos creemos que somos parte de una era impresionante, pero lo que dejaremos atrás no será nada impresionante en absoluto. [...] No dejaremos grandes edificios como los romanos o los victorianos. Nuestros rascacielos son prescindibles por muy espectaculares que parezcan y colapsarán en 30 o 40 años; nuestras autopistas se agrietarán, se cubrirán de hierba y se destruirán; y lo que dejaremos será el plástico, que no es biodegradable». Es lo que, según Harris, encontrarán de la civilización actual. «Dirán que era una sociedad de la basura, de usar y tirar, porque nuestra música, nuestros contactos, nuestros recuerdos personales, nuestra correspondencia, nuestras direcciones y hasta nuestros discos están digitalizados en nuestro teléfono y pueden evaporarse».

CONCLUSIÓN

77

La conclusión de este libro es breve y concisa: no te quedes sin Luz. Pero si te quedas, estate preparado.

ÍNDICE

EL AUTOR

Frank Ortiz es un periodista especializado en temas científicos que ha publicado en distintos medios. Ha seguido muy de cerca todo lo relacionado con un posible apagón energético a gran escala, y este libro es fruto de ese seguimiento.

www.ingramcontent.com/pod-product-compliance
Lightning Source LLC
LaVergne TN
LVHW010656200726